Angelika Kipp



# Für meine Mama!

Kinderleichte Geschenkideen fürs ganze Jahr

frechverlag

## Von der bekannten und beliebten Autorin Angelika Kipp sind im frechverlag zahlreiche andere Titel erschienen. Hier eine Auswahl:

TOPP 1922

TOPP 1829

TOPP 2000

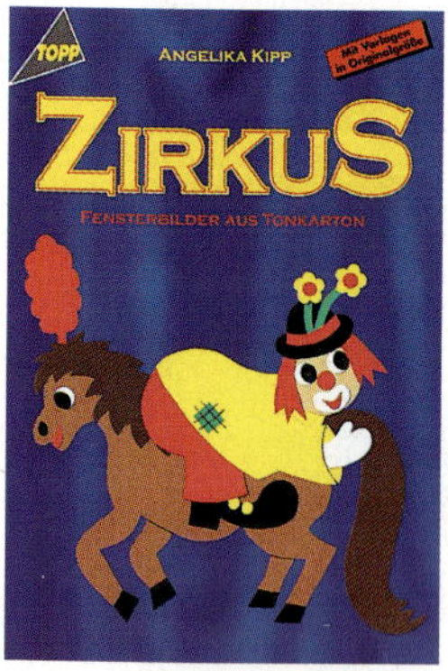


TOPP 1809

TOPP 1812

TOPP 1854

Zeichnungen: Berthold Kipp

Fotos: frechverlag GmbH + Co. Druck KG, 70499 Stuttgart; Fotostudio Ullrich & Co., Renningen



Auflage: 5. 4. 3. 2.
Jahr: 2000 1999 98 97 96 | Letzte Zahlen maßgebend



frechverlag GmbH + Co. Druck KG, 70499 Stuttgart

ISBN 3-7724-2070-2 · Best.-Nr. 2070

Druck: frechverlag GmbH + Co. Druck KG, 70499 Stuttgart

# Mama ist die Allerbeste!

So schallt es meistens am Muttertag durch die Wohnung, aber wenn man genauer darüber nachdenkt, dann paßt dieser Satz das ganze Jahr über!

Denn schließlich ist die Mutter jeden Tag für all die großen und kleinen Nöte der Kinder da. Jeden Tag wird getröstet, gelacht, gealbert, geschmust und gekuschelt, sie zaubert den Lieblingspudding auf den Tisch, sie macht Mut, wenn's mal nicht ganz so klappen will, und ganz sicher heißt es mehrmals am Tag: „Mama, kannst Du mir helfen?“ Das bedeutet allerdings nicht, daß man mit Mama alles machen kann: Wenn's dann mal so richtig Ärger gibt, dann wird der Nachwuchs auch mit etwas mehr mütterlichem Nachdruck an seine Grenzen erinnert. Aber selbst wenn's noch so hitzig wird: Mama bleibt einfach Mama!

Und einer Mama, die wirklich die Allerbeste ist, will man schließlich auch eine Freude bereiten: Muttertag, Ostern, Geburtstag, Weihnachten oder einfach so, ganz ohne Anlaß! Für die Kleinen finden sich in diesem Buch zahlreiche Geschenkideen, vom Fensterbild übers Küchenmobile, vom Windspiel über Bastblumen und Stabdekorationen bis hin zu lachenden Pilzen und festlichen Weihnachtskugeln. Die Bastelvorschläge berücksichtigen ganz unterschiedliche Materialien und sind kinderleicht, so daß die große Schwester, der Papa, die Kindergärtnerin oder die Lehrerin kaum noch mithelfen müssen.

Und dann wäre da ja noch die Oma, die sich sicher auch über ein selbstgebasteltes Geschenk freuen würde!

Denn eines muß einfach nochmals gesagt werden:

**Mama ist die Allerbeste!**

Viel Spaß beim Basteln!

Angelika Kipp

# Schritt ........... für Schritt ....... erklärt ..........

1 Legen Sie Transparentpapier auf den Vorlagenbogen, und übertragen Sie alle benötigten Einzelteile ohne Überschneidungen auf das Transparentpapier.

2 Das Transparentpapier wird auf eine dünne Pappe geklebt, aus der dann die einzelnen Teile sorgfältig herausgeschnitten werden. Fertig sind die Schablonen!
Mit Hilfe dieser Schablonen stellen Sie die benötigten Einzelteile her: Legen Sie die Schablonen jeweils auf das entsprechende Material in der gewünschten Farbe, ziehen Sie den Umriß mit einem Bleistift ganz exakt nach, dann wird wieder ausgeschnitten!

3 Fügen Sie die Teile zu dem Motiv zusammen.
Das Foto und die Vorlage geben Ihnen hierbei Positionierungshilfen!

**Wenn Du nach Vorlagen arbeitest, brauchst Du also immer:**

- einen Bleistift,
- eine Schere,
- Transparentpapier und
- dünne Pappe

# Lustige Schildkröten

***Diese kleinen Panzertiere können den Garten oder die Blumentöpfe Deiner Eltern verschönern!***

## Material

Moosgummi (2 mm Stärke)
Wackelaugen (ø 14 mm)
Schwarzer Filzstift (permanent)
UHU-Kraftkleber
Messingstab (ø 2 mm) aus dem Baumarkt
Schere

## Und so wird's gemacht

Bringe den roten Panzer mit den aufgeklebten grünen Mustern auf dem gelben Schildkrötenkörper an. Wenn sich das Moosgummi nach dem Aufkleben nach oben wölbt, brauchst Du es nur noch einmal kurz anzudrücken.

Dann ergänzt Du das Wackelauge und zeichnest mit dem schwarzen Stift die Nasenöffnung.

Der Messingstab wird auf der Rückseite fixiert.

# Glockenringe

***Über diese lustigen Glockenringe wird selbst Deine Mama staunen!***
***Sie können am Fenster aufgehängt werden oder Zweige schmücken.***

## Material

Pappe
Wollreste
Buntes Glöckchen
Klebstoff
Schwarzes Nähgarn
Nähnadel
Schere

## Und so wird's gemacht

Schneide aus der Pappe den Ring heraus. Dann brauchst Du kleine Wollknäuel, die durch die Öffnung des Kreises passen; umwickle die Pappe gleichmäßig mit der Wolle. Anfang und Ende des Fadens werden mit Klebstoff befestigt.

Das Glöckchen wird jeweils mit Hilfe einer Nadel und des Nähgarns im Innenteil des Kreises plaziert. Mit einem Wollfaden hängst Du den Glockenring auf.

# Farbenfrohe Wickelbilder

***Hier heißt's: Fleißig wickeln!***

## Material

Wollreste
Styroporkugel (ø 7 cm)
Farbe auf Wasserbasis
Pinsel
Schaschlikspieße
Perlen, deren Öffnungen auf die Schaschlikspieße passen
Klebstoff
Schere

## Und so wird's gemacht

Für diese Bastelidee brauchst Du keine Vorlage! Male zuerst die Styroporkugel mit Pinsel und Farbe an. Nach dem Trocknen steckst Du in gleichmäßigen Abständen in einer Linie gleichlange Schaschlikspieße tief in die Kugel hinein. Damit sich niemand an einem Spieß verletzen kann, klebst Du am Ende jedes Schaschlikspießes eine Perle auf.

Den Anfang des ersten Wollknäuels verknotest Du an einem Spieß. Dann **um**wickelst Du den nächsten Spieß und ziehst den Faden weiter zum nächsten, der wieder **um**wickelt wird, usw. Willst Du einen neuen Farbton, knotest Du die verschiedenfarbigen Fäden einfach aneinander und wickelst weiter. Und auch zum Schluß wird verknotet!

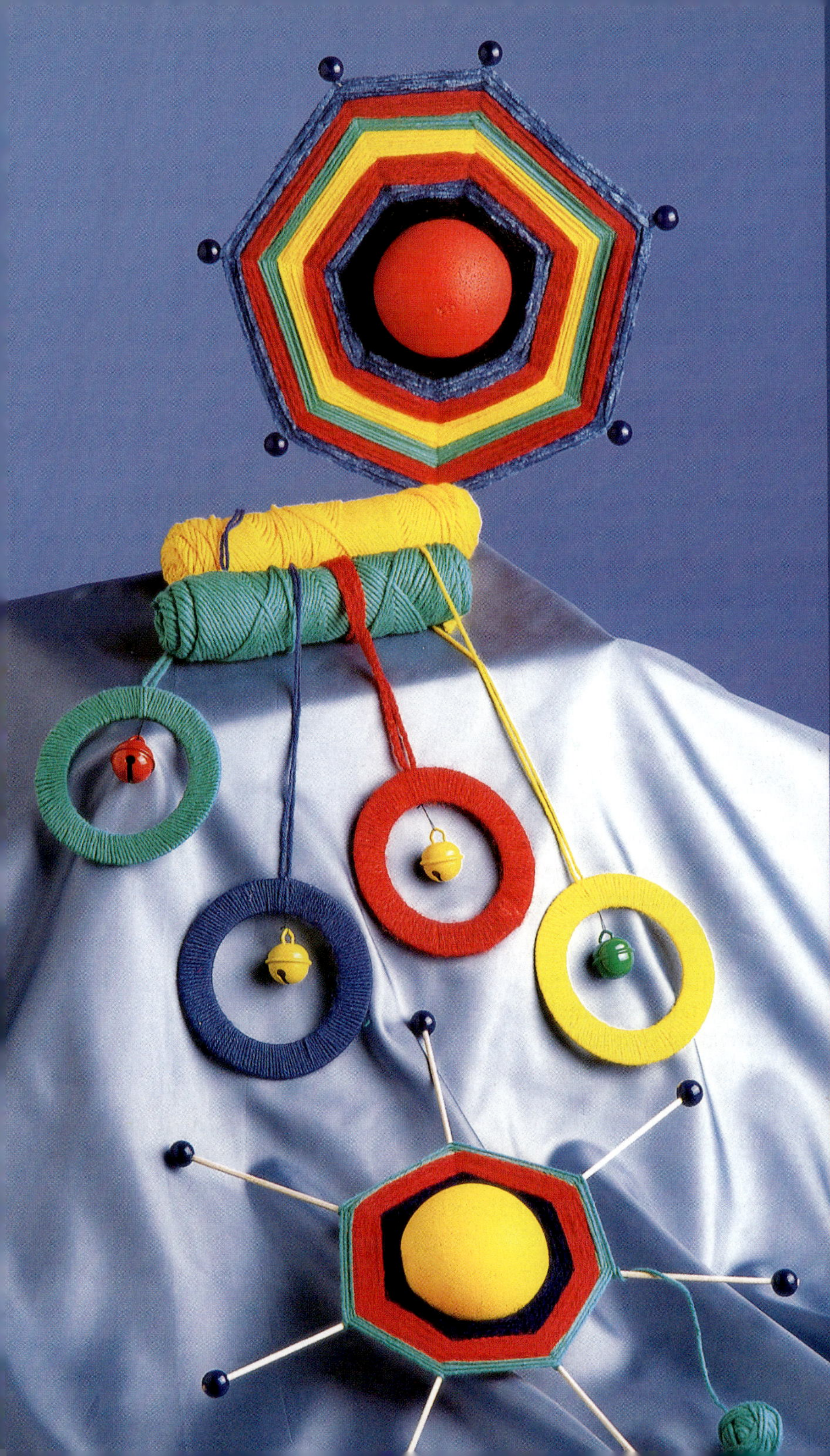

# Herzchen-decke

*So eine nett bemalte Decke gibt jedem Kaffeetisch einen freundlichen Rahmen!*

## Material

Tischdecke aus Baumwolle (80 cm x 80 cm)
Die Tischdecke unbedingt vor dem Bemalen waschen, damit die Appretur entfernt wird.
Selbstklebende Folie
Stoffmalfarbe in Rot
Borstenpinsel
Schere
Bügeleisen

## Und so wird's gemacht

Schneide aus mehreren Stücken Folie (14 cm x 14 cm) jeweils die Herzform aus der Mitte heraus.
Die Folien mit den herausgearbeiteten Herzformen werden auf die **gewaschene** Decke geklebt. Drücke die Folienränder dabei gut an, damit keine Farbe unter die Folie laufen kann. Dann trägst Du mit dem Borstenpinsel die rote Farbe gleichmäßig in der Herzform auf. Nach dem Trocknen der Farbe ziehst Du die Folie ab.
Durch das Bügeln von der Rückseite, wobei Dir ein Erwachsener sicher hilft, wird die Farbe fixiert.

# Große Bast-blumen

Beschreibung
Seite 10

***Willst Du Deiner Mama ganz besondere Blumen überreichen?***

# Einkaufstasche

## Material

Baumwolltasche
Stoffmalfarben in Gelb und Blau
Selbstklebende Folie
Borstenpinsel
Schere
Bügeleisen

## Und so wird's gemacht

Die Tasche wird genauso wie die Tischdecke gearbeitet.

# Große Bastblumen

**Material**

Bieruntersetzer (unbedruckt, weiß, zwei für eine Blume) oder dicke Pappscheiben (ø 107 mm)
Tonkarton in Gelb
Bast, Farbe nach Wunsch
Holzstab (ø 3 mm)
Klebstoff
Schere
Bleistift

## Und so wird's gemacht

Damit Du diese schönen großen Blumen Deiner Mutti überreichen kannst, beklebst Du zwei Bieruntersetzer bzw. Pappscheiben mit Tonkarton, den Du mit der Schere angleichst. Schneide vom Bast 10 cm lange Streifen zu, die Du dann von hinten gegen einen der Kreise klebst, so daß diese als Blütenblätter erscheinen. Sind die Streifen fest mit der Pappscheibe verbunden, ziehst Du das untere Drittel des Bastes auseinander, damit das Band noch mehr einem Blatt ähnelt. Dann befestigst Du von hinten einen Holzstab und den zweiten gelben Blütenkreis.
Die Blätter werden an der gestrichelten Linie geknickt, um den Stab gelegt und zusammengeklebt. So erhält die Blume ihre Blätter.

# Kikeriki, kikeriki

**...... Material ......**

Dünne Pappe
Tonkarton in Rot und Orange
Schnipsel aus Regenbogenpapier
oder Regenbogentonkarton
ein Wackelauge (ø 20 mm)
Klebstoff
Schere

***Dieser Gockel ist ein schönes Ostergeschenk!***

## ...... Und so wird's gemacht ......

Schneide aus einer dünnen Pappe den Hahnkörper heraus, und beklebe ihn mit vielen Schnipseln, so daß er kunterbunt aussieht. Dann bekommt der farbenfrohe Herr des Hühnerhofes aus einem Tonkarton-Teil seinen Kamm und den roten Hautlappen aufgesetzt. Der orangefarbene Schnabel wird von vorne fixiert, das Bein wird unter dem Körper befestigt.
Nun fehlt noch das Wackelauge, und schon kannst Du Dein kunterbuntes Geschenk überreichen!

# Herzliche Geschenke

*Hier fällt die Auswahl sicher schwer, welches das passende Herz für Deine Mutti ist. Wenn Du Dich gar nicht entscheiden kannst, bastelst Du gleich alle drei!*

## Material

Tonkarton in verschiedenen Farben
Wackelaugen (ø 14 mm)
Schere
Klebstoff

## ...... Und so wird's gemacht ......

### Herz mit Blüten

Klebe jeweils die zwei bunten Blütenteile zusammen, und plaziere sie auf dem Herz.

### Herz mit einzelner Blume

Die Blätter mit dem Stengel fixierst Du zuerst auf dem Herz; dann wird die zweiteilige Blüte ergänzt.

### Herz mit Vogelpaar

Die Schnäbel des Vogelpaares werden **unter**, die Flügel **auf** die Körper geklebt. Setze die beiden kleinen Sänger auf das Herz, wo sie noch auf ihre Wackelaugen warten.

# Springende Frösche und Libellen

***... im Garten, auf der Terrasse und im Blumentopf im Wohnzimmer!***

## Material

Moosgummi (2 mm Stärke)
Wackelaugen: Frösche (ø 20 mm), Libellen (ø 6 mm)
Schere
UHU-Kraftkleber
Messingstab aus dem Baumarkt

## Und so wird's gemacht

### Springende Frösche

Damit die Frösche durch Muttis Garten hüpfen können, gibst Du ihnen von vorne den Arm und die leuchtend rote Hose. Da sich Moosgummi nach dem Aufkleben leicht nach oben wölbt, drückst Du es noch einmal an den Körper.
Setze dann das Wackelauge auf. Der Messingstab wird auf der Rückseite angebracht.

### Libellen

Klebe den Körper auf die zarten Flügel, und ergänze die Augenpaare. Damit die Libellen durch die Lüfte fliegen können, befestigst Du den Messingstab auf der Rückseite.

# Bunte Steckblumen

***Diese wunderschönen bunten Steckblumen, die Du in zwei unterschiedlichen Blütenformen basteln kannst, bringen noch mehr Farbe in Eure Wohnung!***

### Material

Regenbogentonkarton
Tonkarton in Grün
Styroporkugeln (ø 3 cm)
Wasserlösliche Farbe in Gelb
Haarpinsel
Styroporkleber
Schere
Schaschlikspieße oder Holzstäbe (ø 3 mm)

### Und so wird's gemacht

## Blüte mit eingeschnittenen Blütenblättern

Für diese Blütenform benötigst Du die vorgegebenen Kreise (siehe Vorlagenbogen), die Du in gleichmäßigen Abständen bis zur markierten Linie einschneidest. Die Kelchform der Blume erhältst Du, indem Du **eine** Linie bis zum Kreismittelpunkt einschneidest und dann die beiden Seiten 2 cm übereinander legst und fixierst. Dann werden die beiden fertigen Blütenkreise aufeinandergeklebt.

## Sternförmige Blüte

Schneide die fertige Sternenform entlang der gepunkteten Linie (siehe Vorlagenbogen) bis zum Mittelpunkt ein. Um auch hier die Kelchform zu erhalten, werden an der Schnittstelle zwei Blütenblätter übereinandergeklebt.

### Für beide Blütenarten gilt:

Dann steckst Du einen Schaschlikspieß oder einen dünnen Holzstab mit etwas Klebstoff in die Styroporkugel und malst sie gelb an.
Die untere Spitze der Kelchform wird mit der Schere nur so weit abgeschnitten, daß die Blüten auf den Holzstab gesteckt werden können.
Nun brauchen die Blumen nur noch ihre grünen Tonkartonblätter; sie werden immer so übereinandergeklebt, daß der Holzstab zwischen den Blättern plaziert ist.

# Lustige Topfblumen

***Ganz schön pflegeleicht, diese bunte Topfpflanze!***

## Material

Bunte Futterstoffe
Zackenschere
Töpfchen (Ton- oder Plastiktöpfe, wie z.B. hier Fingerfarbentöpfe)
Styroporkugel (der Topfgröße anpassen)
Stabiles, dünnes Stäbchen (evtl. Schaschlikspieß)

## ......Und so wird's gemacht ......

Schneide die bunten Futterstoffe mit der Zackenschere in viele gleich große Quadrate (ca. 4 cm x 4 cm). Unter leichtem Druck wird die Styroporkugel so in das Töpfchen gesetzt, daß sie nicht mehr hin und her wackelt und noch ein Teil aus dem Topf herausragt.

Lege ein kleines Stoffquadrat auf die Kugel, und drücke den Stoff mit dem Stab mittig in die Kugel, so daß er sich zu einer Blüte kräuselt und in dem Styropor steckenbleibt. So werden viele Stoffstücke in der Kugel fixiert, bis sie nicht mehr zu sehen ist.

# Bunte Fische

***Wenn diese leuchtenden Fische das Küchenfenster dekorieren, wird Mutti jeden Tag ihre Freude daran haben.***

## Material

Tonkarton in verschiedenen Farben
Regenbogentransparentpapier
Wackelaugen (ø 20 mm)
Schere
Klebstoff

## Und so wird's gemacht

Diese Schwimmkünstler sind ganz einfach zu basteln. Du brauchst nur den Körper des Fisches aus Tonkarton auszuschneiden; die gepunktete Linie an der Innenflosse fährst Du mit einer Scherenspitze unter leichtem Druck nach, so daß man die Flosse gut nach außen drücken kann. Das Regenbogentransparentpapier wird von hinten aufgeklebt, und das Wackelauge wird von vorne ergänzt.

# Ein lustiges Mobile

***Hier kommt Bewegung in die Küche!***

## Material

Tonkarton in Blau
und Weiß
(evtl. weiße selbstklebende Punkte)
Schere, Faden
Klebstoff

## Und so wird's gemacht

Bei der Kanne brauchst Du nur den Deckel, die Punkte und das weiße Ausgußteil aufzukleben, überstehende Punkte gleichst Du mit der Schere an.

Bei den Tassen bringst Du das weiße Tasseninnenteil und die Punkte an; auch hier werden die Punkte mit der Schere angeglichen. Die Tasse klebst Du dann noch auf die Untertasse.

Damit das Mobile frei hängen kann, arbeitest Du die Rückseite deckungsgleich.

# Freundliche Pilze

Abbildung siehe Seite 26

***Da lacht der Herbst Deine Mama an!***

## Material

Tonpapier in Weiß und Rot
Pappe
Zwei Wackelaugenpaare
(ø 20 mm und ø 18 mm)
Schwarzer Filzstift
Klebstoff
Schere

## Und so wird's gemacht

Schneide die Stengel und die Pilzköpfe aus Pappe aus. Dann wird das Tonpapier in Schnipsel gerissen und aufgeklebt.

Nun bekommt jeder Stengel sein Köpfchen mit der aufgeklebten Nase und dem aufgemalten Mund. Zuletzt brauchst Du den beiden nur noch jeweils ihr Augenpaar zu geben, und schon ist der lachende Herbst in Eurer Wohnung eingezogen!

**Freundliche Pilze**

Anleitung siehe Seite 25

# Ein Herz aus Heu mit Trockenblumen

***Ein Herzchen aus Heu – mit einigen Trockenblumen beklebt – erinnert Deine Mama an die letzten Sommertage.***

## Material

Styroporherz
Heu
Blumendraht
Trockenblumen
Klebstoff

## Und so wird's gemacht

Lege ein wenig Heu um das Styroporherz, und umwickle es mit dem Draht. Trage nach und nach so viele Schichten Heu auf, bis vom Styroporherz nichts mehr zu sehen ist.
Das Ende des Drahtes verknotest Du, so daß sich niemand daran verletzen kann. Klebe noch einige Trockenblumen auf, und schon ist ein duftendes Herzchen fertig!

# Windspiele

***Diese Windspiele sind ein Schmuckstück für jeden Garten – die Bänder tanzen lustig im Wind hin und her!***

## Material

Tontöpfe
Drachenbänder in verschiedenen Farben (Breite 2,5 cm)
Wetterfeste Plakafarbe (matt)
Haarpinsel
UHU-Kraftkleber
Schere
Kleines Stöckchen

## Und so wird's gemacht

Male den Blumentopf mit der Farbe Deiner Wahl gleichmäßig an, und lasse sie trocknen.
Schneide die Drachenbänder in gleichlange Streifen, und klebe sie am Innenrand des Topfes fest.
Knote ein Drachenband an einem Stöckchen fest, das etwas kleiner ist als der Durchmesser des Topfbodens. Das Drachenband samt Stöckchen wird durch die Öffnung im Boden des Blumentopfes gezogen. Wenn sich das Stöckchen im Inneren des Blumentopfes querlegt, kannst Du das Windspiel daran aufhängen.

Bastelideen mit Bändern….

# Ein eiskalter Mann

***Der freundliche Schneemann ist ein gerngesehener Gast in Deiner Familie!***

## Material

Weiße Pappe
Tonkarton in Rot und Schwarz
Seidenpapier in Weiß
Klebstoff
Wackelaugen (ø 2 cm)
Schere

## Und so wird's gemacht

Schneide die Schneemannform aus der Pappe heraus. Zerreiße das Seidenpapier in kleine Stükke, und knuddele es zu kleinen Kügelchen, die Du nun nach und nach dicht nebeneinander auf die Pappe klebst.
Die rote Tonkarton-Nase wird zu einem Kegel geformt, zusammengeklebt und aufgesetzt. Nun brauchst Du dem Schneemann nur noch die Wackelaugen und den Mund zu geben.
Gegen die Kälte bekommt der Schneemann von vorne einen Schal und von hinten den Hut. Nun ist der kalte Geselle komplett und kann eine winterliche Überraschung für Deine Mama werden!

# Nikolausstiefel

***Diesmal hat der Nikolaus auch Deiner Mama etwas mitgebracht!***

## Material

Tonkarton in Rot und Weiß
Urselle-Papier (Velourspapier) in Weiß
Kreppapier in Rot
Schleifenband in Silber
Klebstoff
Schere

## Und so wird's gemacht

Schneide die Stiefelform aus rotem, den Fellstreifen aus weißem Tonkarton aus. Die weiße Form wird zudem mit Urselle-Papier beklebt und auf dem roten Stiefel fixiert.
Ein Streifen rotes Kreppapier (11 cm x 20 cm) wird etwas gerafft von hinten am Fellteil angebracht. Haftet das rote Kreppapier vollständig, wird es mit dem Schleifenband zusammengebunden.
Ein weißer Fellstreifen wird auch noch auf der Rückseite ergänzt.

# Glitzernde Weihnachts-übertöpfe und Styropor-kugeln

***Die glitzernden Übertöpfe und die festlichen Kugeln sind ein tolles Weihnachtsgeschenk!***

### Material

Tontöpfe
in der gewünschten Größe
Glitzersandfarbe in Blau
Metallicfarbe in Silber
Kleine Metall-Silbersternchen
Haarpinsel
Styroporkugeln (ø 7 cm)
Schaschlikspieße

### Und so wird's gemacht

Trage die gewünschte Farbe mit dem Pinsel auf den Tontopf bzw. auf die Styroporkugel auf. Stecke die Kugel dazu einfach auf einen Schaschlikspieß. Damit die Farbe gut deckt, sind meist zwei Farbaufträge nötig.

Die Metallsternchen streust Du in die noch feuchte Farbe, so kleben sie von allein fest.